L 56 b
1835

CE QUE NOUS ALLONS FAIRE

EN

ITALIE

PARIS. — IMPRIMERIE VALLÉE, 15, RUE BREDA.

CE QUE NOUS ALLONS FAIRE

EN

ITALIE

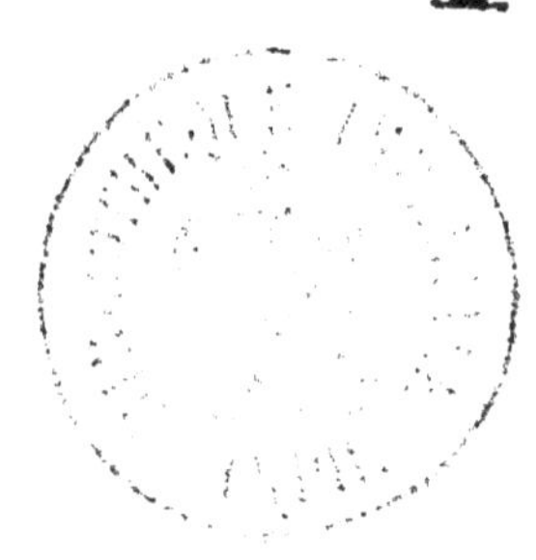

PARIS

É. DENTU, EDITEUR

LIBRAIRE DE LA SOCIÉTÉ DES GENS DE LETTRES

17-19, Galerie d'Orléans, 17-19.

1867

CE QUE NOUS ALLONS FAIRE

EN

ITALIE

I

La crise présente est sans contredit la plus grave qu'ait traversée le second empire, de même que la seconde expédition de Rome est la plus grave résolution qu'ait encore adoptée le gouvernement de Napoléon III.

Ce que nous allons faire en Italie, ou, pour parler plus exactement, ce qu'y va faire le chef de la dynastie impériale, cette demande est dans tous les esprits qui savent apprécier l'importance de notre retour à Rome, et, pour eux, la réponse est celle qu'exigent en même temps le sentiment national, le respect dû à la signature de la France et à la foi des traités, la protection due au chef spirituel de deux cent cinquante millions d'âmes, et enfin la nécessité d'opposer une digue infranchissable aux empiétements anarchiques.

De ces quatre causes, une seule suffirait pour justifier, s'il en était besoin, devant les esprits calmes et réfléchis, la généreuse détermination du gouvernement français.

II

Dans le principe, alors que le ministère italien affirmait, à la face de l'Europe, qu'il se sentait assez fort pour enrayer le mouvement auquel il se prétendait étranger, alors qu'il procédait effectivement à des arrestations dont l'hypocrite machiavélisme n'était pas encore évident, le départ de la flotte française pour Civita-Vecchia ne pouvait avoir d'autre sens que celui d'une manifestation militaire en faveur de l'intégrité du patrimoine de saint Pierre. Mais aujourd'hui le voile est déchiré et les ménagements sont rompus : des bandes organisées, armées, soudoyées incontestablement par l'un des gouvernements signataires de la Convention de septembre, ont franchi la frontière de l'État romain, contre la foi des traités, contre le droit international, contre la volonté même du peuple romain qui l'a clairement affirmée par la plus complète abstention et même par les armes.

Déjà, ces faits étant acquis, il incombait au gouvernement impérial le devoir de tenir la main à l'exécution complète et loyale de la Convention de septembre, et de replacer sans délai Rome et son souverain sous l'égide de notre drapeau.

III

Mais, à l'heure qu'il est, les faits accomplis sont bien autrement graves, et la situation du pape bien autrement critique. Écrasée par le nombre après vingt glorieux combats, la petite armée pontificale dut se replier sur Rome et abandonner aux envahisseurs un territoire chèrement disputé. Les prétendus insurgés vinrent aux portes de Rome, et la souveraineté de Pie IX se trouva exposée aux hasards d'un coup de main.

Jetant le masque, enfin, le gouvernement italien a donné l'ordre à ses troupes d'entrer sur le territoire pontifical, et, pour accentuer nettement le sens de cette démonstration, il en a confié le commandement à celui de ses généraux qui, en 1860, envahit sans déclaration de guerre les Romagnes, les Marches et l'Ombrie.

En présence de ces faits, d'autant plus blessants pour la France qu'on a voulu les accomplir en lui forçant la main avec l'épouvantail prussien, le rôle du gouvernement français est parfaitement tracé.

IV

C'est la guerre que nous portons en Italie, non pas la guerre de conquête, mais la guerre de protection, c'est-à-dire de délivrance. En repoussant à coups de canon les envahisseurs, — bandes ou régiments — nous délivrerons les populations romaines qui ont assez hautement témoigné leur antipathie pour l'annexion italienne.

Il ne faut pas qu'on puisse impunément déchirer un traité signé par la France.

Aussi notre rôle ne doit-il pas, logiquement, se borner à la restitution du patrimoine ecclésiastique au souverain pontife. — Avant la Convention de septembre, l'Italie avait audacieusement déchiré deux autres traités, celui de Villafranca et celui de Zurich. Notre mansuétude en ces circonstances et notre longanimité n'ont servi, qui ne le sait? qu'à encourager la défection et l'ingratitude.

En essayant d'armer le bras de la Prusse contre son bienfaiteur, l'Italie a rompu le dernier lien qui pût nous intéresser à ses destinées, et ce royaume italien, né d'hier et déjà décrépit, doit être puni par où il a péché.

Le devoir et l'honneur de notre pays exigent que l'Italie soit rappelée, non pas seulement à l'observation de la Convention de septembre, mais à l'exécution pure et simple des traités antérieurs. La France qui a fait le mal dont souffre aujourd'hui l'Italie, en tolérant par générosité la violation de sa signature, doit réparer ce mal même au nom de la liberté des peuples et du suffrage universel.

V

L'escamotage mal déguisé que l'unitarisme n'a pas craint de présenter au monde comme le résultat d'une votation populaire, indépendante et sincère, doit être réduit à ses justes proportions : 180,000 oui ont fait le royaume d'Italie, sur une population de 25 millions d'âmes, et encore 80,000 des votants étaient-ils des salariés du Piémont. La France, qui est le porte-drapeau du suffrage universel, peut-elle tolérer cette audacieuse négation de son principe fondamental, sur un sol où posera son pied victorieux ? Pourrait-elle prendre au sérieux les votations précipitées et imposées par le sabre, auxquelles ne manquera pas de procéder encore le général Cialdini?

Qu'on interroge tous les hommes impartiaux à leur retour d'Italie! Ils diront que Naples, ruinée et ulcérée, que Palerme, impatiente du joug militaire, que Florence même, n'attendent que le moment propice pour se soulever et reconquérir leur indépendance et leur autonomie. Le premier coup de canon tiré par la France serait certainement le signal de la chute de l'onéreuse et sanglante unité. En fusillant plus de quinze mille Napolitains, fidèles à leur patrie, le Piémont oubliait que l'arbre de la liberté germe puissamment dans le sang des martyrs.

VI

Mais s'il incombe à la France le devoir de rendre à elles-mêmes des populations conquises et terrorisées, son devoir par contre ne saurait aller plus loin. Elle ne s'immiscera point dans la direction des votes, laissant aux électeurs la liberté de la lutte et du scrutin, en dehors de toute pression étrangère et militaire. Pas un soldat sur le territoire des deux Siciles, pendant l'opération électorale, dont le résultat, quel qu'il soit, sera respecté par tous les partis, — unitaristes, fédéralistes, muratistes et bourbonniens.

Loin d'être dictée par un esprit d'hostilité envers l'Italie, cette résolution, dont le résultat ne peut être douteux pour qui connait l'état présent des deux Siciles, serait un immense bienfait pour ce royaume en décomposition et pour la maison de Savoie. L'Italie a ses provinces productives, la Toscane, la Lombardie, la Vénétie, et ses provinces improductives qui sont les deux Siciles. Dans ces dernières, la majorité de la population refuse d'acquitter l'impôt, — impôt du sang ou impôt d'argent ; — de là, les réfractaires et les brigands; de là, l'abandon de la culture; de là, la nécessité d'une nombreuse armée d'occupation, qu'on harasse depuis sept ans à la poursuite des bandes, mille fois détruites et toujours renaissantes.

Les Italiens campent aujourd'hui dans les deux Siciles, comme les Russes dans le royaume de Pologne.

Les deux Siciles coûtent de l'or et du sang à l'Italie, au lieu de lui donner des revenus et des hommes. En perdant sa conquête de 1860, l'Italie pourrait donc espérer de s'arrêter au bord de la banqueroute et du cataclysme.

VI

Il n'est d'ailleurs pas d'autre solution pratique de la question romaine. Le vœu des populations est incontestablement hostile aujourd'hui à l'unitarisme talien. Le démembrement légitime de ce royaume échafaudé par la violence et par la ruse, assurerait désormais, par la fédération, l'intégrité du territoire pontifical, et permettrait à la France de confier réellement à l'Italie, et en toute sécurité, la garde de la souveraineté pontificale.

Intégrité du patrimoine de saint Pierre.

Rétablissement et exécution du traité de Zurich.

Appel sincère au suffrage universel.

C'est là ce que nous allons faire en Italie, c'est-à-dire une guerre de justice, d'honneur et de liberté; avec toute autre solution, ce ne serait qu'une guerre d'oppression, d'inconséquence et d'instabilité.

Paris. — Imprimerie Vallée, 15, rue Breda.

www.ingramcontent.com/pod-product-compliance
Lightning Source LLC
LaVergne TN
LVHW010217230826
846091LV00008BB/3551

* 9 7 8 2 0 1 6 1 2 4 1 6 1 *